AF404337

CAHIER

DES

CITOYENS NOBLES

DE LA VILLE DE PARIS.

Remis à MESSIEURS

Le Comte de Clermont-Tonnerre,
Duc de la Rochefoucauld,
Comte de Lally-Tolendal,
Comte de Rochechouart,
Comte de Lufignhem,
Dionis du Séjour,
Duc d'Orléans,
Duport,
De Saint-Fargeau,
Premier Préfident de Nicolaï,

} *Députés.*

M. de Nicolaï & M. le Duc d'Orléans n'ayant pas pu accepter, ont été remplacés par M. le Comte de Mirepoix, & M. le Marquis de Montefquiou-Fezenfac.

A 2

L'ASSEMBLÉE des Electeurs repréſentans
tous les Citoyens Nobles de Paris, avant de pro-
céder à la nomination des Députés qu'elle doit
envoyer aux Etats-Généraux, & avant de s'occuper de ce qu'elle doit leur preſcrire, a arrêté
que les pouvoirs de ces Députés ne dureroient
qu'une année.

Le vœu des Citoyens Nobles de Paris eſt
que l'on opine par Ordre aux Etats-Généraux ;
que ſur cette queſtion même, les Etats ne délibèrent que par Ordre ; & ſi une déciſion con-
traire à ce vœu prévaloit dans l'Ordre de la
Nobleſſe, les Députés demanderont acte de ce
qu'ils ſont reſtés dans la minorité : & cepen-
dant les Etats-Généraux aviſeront dans leur ſa-
geſſe aux moyens d'empêcher que le *veto* d'un
des Ordres ne puiſſe s'oppoſer à la confeÇtion
des Loix qui intéreſſeront le bonheur général
de la Nation.

L'Aſſemblée, après avoir lu, extrait & com-
paré tous les Cahiers fournis par les vingt Dé-

A 3

partemens de la Nobleffe, a cru devoir divifer en deux parties celui qu'elle doit remettre aux Députés.

Dans la premiere, elle comprendra, fous le titre de *Cahier général*, les demandes qui intéreffent toute la Nation, & parmi ces demandes elle diftinguera les Articles impératifs d'avec ceux de pure inftruction.

Dans la feconde, qui fera intitulée *Cahier particulier*, elle s'occupera de ce qui intéreffe fpécialement la ville de Paris.

CAHIER GÉNÉRAL.

ARTICLES IMPÉRATIFS.

CONSTITU-
TION.

Les Députés demanderont avant tout qu'il foit fait une Déclaration explicite des droits qui appartiennent à tous les hommes, & qu'elle conftate leur liberté, leur propriété, leur sûreté.

Immédiatement après cette Déclaration, ils demanderont qu'il demeure reconnu, comme premier principe de la Conftitution, que le Trône eft héréditaire dans l'augufte Maifon régnante de mâle en mâle, fuivant l'ordre de la primegéniture, & à l'exclufion des femmes &

de la ligne féminine. (Les Etats-Généraux dé-
cideront la maniere de déférer la Régence dans
les cas où elle devra avoir lieu).

Ils demanderont ensuite QU'IL SOIT STATUÉ:

Que les Loix ne pourront être faites que par
le concours des Etats-Généraux & du Roi.

Que le pouvoir exécutif appartient tout entier
au Roi seul.

Que la liberté individuelle sera assurée par une
Loi contre toutes les atteintes arbitraires.

Que la presse sera libre, & qu'une Loi parti-
culiere définira clairement & avec précision
quels seront les délits en pareille matiere, &
par quelles peines ils seront réprimés & punis.

Que la propriété sera sacrée ; qu'aucune por-
tion ne pourra en être détachée que pour l'uti-
lité publique, & ce, moyennant une indemnité
complète, fixée contradictoirement, & préala-
blement acquittée.

Que les Etats-Généraux seuls pourront accorder les subsides, en déterminer la nature,
la quotité, la durée; qu'aucun emprunt ne sera

ni ouvert, ni étendu ; qu'aucune création d'Offices, aucune levée de deniers ne sera faite sans leur consentement.

Que les subsides accordés seront répartis dans une égalité entiere & proportionelle, dans la même forme & sous la même dénomination entre les Citoyens de tous les Ordres & de toutes les Classes, la Noblesse ne se réservant que ses priviléges honorifiques.

Qu'il ne sera fait aucun changement dans les Monnoies sans le consentement des Etats-Généraux.

Que les Etats-Généraux seront périodiques, & convoqués tous les trois ans au plus tard, & que jamais les subsides ne pourront être accordés que pour le temps qui s'écoulera d'une tenue d'Etats à l'autre.

Que la responsabilité des Ministres & de tous les dépositaires de pouvoirs sera établie par une Loi constitutionelle, qui fixera d'une maniere invariable les cas & le mode légal de cette responsabilité.

Que les Juges seront de nouveau déclarés

inamovibles; qu'aucun Citoyen ne pourra jamais être souftrait fous aucun prétexte à fes Juges naturels, foit en matiere civile, foit en matiere criminelle, & que le cours de la Juftice ne fera jamais interrompu.

Qu'il fera établi, dans les Provinces qui n'ont pas d'Etats particuliers, des Etats Provinciaux, formés de Membres librement élus & pour un temps limité, lefquels, fans aucun pouvoir ni pour la légiflation, ni pour le confentement des impôts, feront chargés uniquement & exclufivement d'affeoir, lever, verfer tous les fubfides, ainfi que de toutes les parties d'Adminiftration de leurs Provinces, & ne pourront jamais être ni l'élément, ni le fupplément des Etats-Généraux, auxquels ils feront fubordonnés.

Que dans aucun temps les Repréfentans de la Nation ne pourront être foumis, pour raifon de ce qu'ils auront dit ou écrit aux Etats-Généraux, qu'à la Police intérieure qui aura été établie par les Etats eux-mêmes; & que pendant le temps de la tenue la perfonne de ces Repréfentans fera inviolable dans les cas & fuivant le mode qui feront fixés par les Etats-Généraux.

Que toutes les Loix qui auront été faites pendant une tenue d'Etats, feront promulguées, publiées & dépofées, les Etats tenans.

Tels font les droits facrés dont les Députés n'abandonneront jamais la défenfe ; & jufqu'à ce que les droits aient été reconnus & confirmés par des Loix pofitives, telles que l'Affemblée Nationale voudra les régler, ils ne pourront confentir aucuns fubfides, ni aucun emprunt.

INSTRUCTIONS.

Les Citoyens Nobles de la Ville de Paris defirent :

SUBSIDES. DETTES. Que les Etats - Généraux ayant toujours dû être feuls compétens pour octroyer les fubfides, déclarent tous ceux qui exiftent aujourd'hui fupprimés de droit ; que néanmoins ils les rétabliffent à l'inftant pour le temps de leur tenue feulement, afin qu'aucune dépenfe néceffaire ne refte fufpendue, & que, paffé cette époque, il foit enjoint aux Tribunaux de pourfuivre comme concuffionnaire quiconque percevroit des fubfides non confentis par les Etats-Généraux.

Que les États-Généraux au moment de leur ouverture annoncent, par une proclamation qui sera publiée sur-le-champ, qu'il va être procédé incontinent à recevoir la Déclaration de la dette publique, à la vérifier, & à en constater le montant, & qu'aussi-tôt que les Loix Constitutionelles seront établies & promulguées, ils reconnoîtront cette dette, la constitueront dette Nationale, & pourvoiront, tant au paiement des arrérages, qu'aux remboursemens successifs des capitaux.

Que la dette une fois vérifiée & reconnue, il soit affecté pour son acquittement, un subside qui durera autant que la dette, qui diminuera graduellement & s'éteindra entiérement avec elle. Que la destination de ce subside ne puisse jamais être changée ni dénaturée, & que les fonds qui en proviendront soient versés directement dans une ou plusieurs Caisses Nationales, dont l'administration restera entre les mains de ceux que les États-Généraux auront commis à cet effet.

Que les sommes qui doivent être allouées à chaque Département soient arrêtées & fixées en raison des besoins qui auront été examinés & reconnus.

Que quant aux dépenses de la Maison du Roi, Sa Majesté soit suppliée de les régler elle seule, avec l'économie nécessaire & la dignité convenable.

Que les subsides qui seront affectés à ces Départemens respectifs ne puissent, en aucune circonstance, être distraits de leur destination; qu'ils soient soumis pour la durée & pour l'étendue à la limitation fixée par les Etats Généraux, & qu'ils soient versés directement au Trésor-Royal.

Que les Etats-Généraux s'occupent d'accélérer la comptabilité, & d'en assurer & simplifier les regles. Que les états & les comptes des différens Départemens, ainsi que ceux de la Caisse ou des Caisses Nationales, soient rendus publics, tous les ans, par la voie de l'impression. Que tout Ordonnateur soit comptable aux Etats-Généraux, & qu'aucun acquit comptant ne soit admis dans les comptes.

Qu'indépendamment de la publication des comptes de chaque Département, entre lesquels les diverses gratifications & pensions accordées dans l'année se trouveront séparément énoncées, il soit également rendu public, par la voie de l'impreſſion , & tous les ans , un état général & nominatif de toutes ces penſions réunies de ceux qui les auront obtenues , & des motifs qui les auront fait accorder.

Que l'état nominatif de toutes les penſions actuelles ſoit imprimé & publié.

Que tous les emplois civils & militaires , jugés inutiles , ſoient ſupprimés ; que les rembourſemens ſoient compris dans la dette nationale & acquittés de préférence , & que les traitemens des emplois conſervés ſoient fixés à un taux convenable.

Que l'on cherche le moyen de faire ſupporter aux Capitaliſtes une impoſition proportionnelle.

Que le droit de Franc-fief ſoit ſupprimé.

Que les Loteries Françoiſes & les Bureaux de Loteries étrangeres ſoient ſupprimés.

Qu'enfin l'Aſſemblée de la Nation s'occupe de ſupprimer cette foule d'impôts déſaſtreux , tels que les Aides , la Gabelle , le droit de

Contrôle des Actes, le droit d'échange & autre
qui, soit par eux - mêmes, soit par le mode
de leur perception, écrasent le contribuable,
& qu'ils soient remplacés par des subsides justes,
faciles à percevoir, moins onéreux & plus pro-
ductifs.

Qu'avant cette conversion & ce nouvel ordre
de choses, les Etats - Généraux constatent le
déficit actuel, qu'ils remontent à sa source, qu'ils
en examinent les causes, qu'ils permettent, &
même qu'ils enjoignent à tous ceux à qui on
l'impute particuliérement, & à tous autres Ad-
ministrateurs dont la conduite leur paroîtroit in-
téressante à examiner, de venir rendre compte.

ADMINIS-
TRATION.
Que des Commissaires nommés par les Etats-
Généraux soient autorisés à faire une visite exacte
de tous les lieux de détention, pour connoître
toutes les victimes du pouvoir arbitraire qui pour-
roient encore y être renfermées.

Que le Roi soit supplié de vouloir bien or-
donner la démolition de la Bastille,

Que l'administration secrete de la Poste soit

fupprimée, & que l'inviolabilité des lettres foit affurée par tous les moyens poffibles.

Que toutes les fonctions d'adminiftration confiées jufqu'ici aux Intendans, foient attribuées déformais exclufivement aux Etats Provinciaux, formés d'après la circonfcription qui fera réglée par les Etats-Généraux.

Que dans chaque circonfcription il foit établi des Affemblées de diftrict, formées fur les mêmes principes que les Etats Provinciaux, & qui leur feront fubordonnées.

Qu'enfin fous des Affemblées de diftrict fe forment des Affemblées des Communautés, qui correfpondent aux Affemblées de diftrict, & qui foient librement élues comme elles.

Que les Etats-Généraux s'occupent des moyens d'affecter aux dépenfes de chaque Province les fommes provenantes de fes fubfides, & que la feule partie de fubfides qui excédera ces dépenfes, forte de la Province.

Que l'administration des Villes soit confiée à des Officiers municipaux qu'elles auront librement élus.

Que le Domaine soit déclaré inaliénable ; que tout autre Domaine que les forêts puisse être vendu quand il aura été porté à sa juste valeur ; que les forêts soient encore conservées, & que la vente des uns & l'administration de tous soient confiées aux Etats Provinciaux.

Que les principes soient fixés sur le commerce des grains.

Que les biens des Maisons Religieuses qui font ou seroient supprimées, ceux des Prieurés ou des Manses d'Abbayes Commandataires, au moment de leur vacance, soient appliqués, sauf les droits des Fondateurs, à la dotation des Hôpitaux, à l'entretien des Colléges, aux constructions ou réparations des Eglises & Presbyteres & autres Fondations pieuses, pour remplacer les impôts & octrois qui font aujourd'hui consacrés à les soutenir.

Que les Etats - Généraux examinent la question

tion des Annates & des droits de dispense en Cour de Rome.

Que les Etats provinciaux cherchent tous les moyens d'éteindre la mendicité, & de la prévenir en procurant du travail.

Qu'en conséquence, & pour que tant de jours ne soient pas enlevés au travail, le nombre des fêtes soit réduit le plus qu'il sera possible.

Que toute distinction qui pourroit donner à quelques familles des droits ou un rang que n'auroit pas la Noblesse Françoise, soit anéantie, les Citoyens nobles de la ville de Paris ne reconnoissant à aucune famille le droit de Prince étranger.

Que le Roi soit supplié de prendre en grande considération l'abus des survivances.

Que les Etats-Généraux fixent leur attention & leur intérêt sur la Noblesse pauvre, qui a si peu de moyens & de ressources pour subsister, & pour élever & placer ses enfans.

B

Qu'aucun emploi, qu'aucune profeſſion n'emporte la dérogeance, ſauf les exceptions que pourront faire les Etats-Généraux.

Que la Nobleſſe ne s'acquiere plus à prix d'argent ; que les annobliſſemens ne ſoient déſormais que la récompenſe ou de ſervices importans ou de vertus éclatantes, & que le Roi faſſe proclamer, dans les Etats-Généraux, les noms de ceux auxquels il aura conféré la Nobleſſe.

Que les Etats-Généraux prennent en conſidération l'Edit de Novembre 1787, concernant les non-Catholiques, & s'occupent de le porter à toute la perfection dont il eſt ſuſceptible.

Que la Régie établie ſous le nom de Régie des biens de Religionnaires fugitifs, ſoit ſupprimée ; que ces biens ſoient reſtitués à leurs vrais propriétaires, & que le compte de cette Régie, qui n'a jamais été rendu à perſonne, le ſoit aux Etats-Généraux.

Que les Etats-Généraux s'occupent de la quef-
tion des mariages mixtes.

Qu'ils aboliffent entiérement la fignature du
Formulaire, qui a produit près de cent mille
lettres-de-cachet.

Qu'ils prennent en confidération le fort des
Juifs.

Que le rétabliffement des mœurs publiques
foit un des objets de leur attention.

Que l'éducation publique foit perfectionnée ;
qu'elle foit étendue à toutes les claffes de Citoyens ; qu'il foit rédigé pour tout le Royaume
un Livre élémentaire, contenant fommairement
les points principaux de la Conftitution ; qu'il
ferve par-tout à l'éducation de la jeuneffe, à
la premiere inftruction de l'enfance, & que
les François apprennent, en naiffant, à connoître, à refpecter & à chérir leurs loix.

Qu'il foit inftitué une Fête nationale, pour
perpétuer à jamais le fouvenir du jour où fera
fignée la Charte fur laquelle vont être fondés

hors de toute atteinte, les droits, le bonheur & la confiance réciproques du Monarque & de la Nation.

JUSTICE — Que les Etats-Généraux forment une commission, pour s'occuper, sous leur inspection, de réformer les loix civiles, criminelles & de police.

Que la Justice civile soit moins dispendieuse & plus prompte.

Que sur-tout la publicité de la procédure criminelle soit établie, & que dès cet instant, un Juge seul, quel qu'il soit, ne puisse placer ni lancer un décret, ni recevoir une déposition.

Qu'en laissant à l'accusateur tous les moyens de conviction, on assure à l'accusé tous les moyens de défense, & à l'innocent tous les moyens de réparation, & que, dès cet instant, il soit donné un Conseil à tout accusé.

Que la caution soit admise dans tous les cas où elle sera jugée possible, & que ces cas soient déterminés par une Loi.

Que les priſons qui renferment quelquefois l'innocent avec le coupable , & qui renferment toujours des hommes, ne ſoient pas un ſupplice anticipé par leur conſtruction, leur inſalubrité & leur régime vexatoire ; qu'il n'y ait pas un ſeul cachot.

Que tous les Juges, même les Cours ſouveraines , ſoient tenus de motiver leurs Arrêts en matiere criminelle.

Que la confiſcation des biens, qui punit toute une famille pour le crime d'un ſeul , ne ſoit plus prononcée.

Que la peine de mort ſoit rendue plus rare ; qu'elle ſe borne uniquement à la privation de la vie, & que tous ces ſupplices, ſtérilement barbares , qui répugnent aux mœurs d'une Nation douce, & qui ont la funeſte conſéquence de détourner l'horreur du crime par la pitié qu'inſpire le coupable, ſoient à jamais proſcrits.

Que l'effet des Lettres d'abolition accordées au Chevalier d'Etalonde, ſoit étendu juſqu'à la mémoire du Chevalier de la Bare.

Que tous les Tribunaux d'exception foient abolis.

Que les Capitaineries foient fupprimées, comme attentatoires à la propriété, & nuifibles à l'agriculture ; qu'il foit fait au code des chaffes tous les changemens néceffaires pour rendre fes difpofitions compatibles avec le refpect dû aux propriétés & à la fûreté des Citoyens, & que la connoiffance des délits y relatifs foit portée pardevant les Juges ordinaires.

Que tous les Arrêts de furféance, Lettres d'Etat, fauf-conduits, &c. foient fupprimés.

AGRICULTURE.
COMMERCE.
Que l'Agriculture & le Commerce foient libres ; que l'on fupprime toute entrave mife à l'induftrie & au libre exercice que tout homme doit avoir de fes facultés.

Que toutes les Traites foient abolies dans l'intérieur du Royaume.

Qu'on s'occupe des moyens de parvenir à l'uniformité de poids & de mefures.

Que le prêt à terme portant intérêt soit autorisé par la Loi.

Qu'il soit donné à l'Armée une Constitution digne de l'esprit national.

Que les coups de plat de sabres soient supprimés.

Que les Etats-Généraux délibèrent sur les moyens de concilier les devoirs du service militaire avec les devoirs de Citoyen, & la nécessité & la subordination avec les droits de la liberté.

Que l'honneur & l'état des Militaires soient à l'abri des atteintes arbitraires.

Que M. le Comte de Moreton-Chabrillant obtienne un jugement qu'il réclame depuis si long-temps; qu'il soit aussi donné des Juges à M. le Chevalier de la Deveze.

CAHIER PARTICULIER.

L'Affemblée générale des Electeurs repréfentant tous les Citoyens Nobles de la Ville de Paris, tant au nom de leurs commettans, qu'en leur propre & privé nom, protefte folemnellement contre le Réglement & les Ordonnances en vertu defquelles s'eft faite la convocation intérieure de Paris. Elle déclare que fi elle n'eût pas regardé comme une efpece de crime public de retarder les États-Généraux, elle n'auroit pu confentir à exécuter ce Réglement, & qu'elle ne ceffera jamais de réclamer:

1°. Pour le droit de la Commune anéanti par la féparation des trois Ordres.

2°. Pour le droit de la Nobleffe, qui, dès qu'on l'affembloit féparément, ne devoit pas plus fubir de réduction que les Nobles de toutes les autres parties du Royaume, mais furtout devoit, comme eux, tranfmettre immédiatement fes vœux, & envoyer directement fes Députés à l'Affemblée de la Nation.

3°. Pour la liberté d'Elections altérée par les formes du Réglement, qui ont soumis ces premieres Elections à des circonscriptions arbitraires.

L'Assemblée charge expressément ses Députés de porter cette protestation aux Etats-Généraux.

Elle les charge non moins expressément d'y porter le vœu unanime qu'elle a déja manifesté, mais qu'elle se plaît à répéter, pour la suppression des impôts distinctifs, & leur conversion en subsides communs, répartis également, proportionnellement, dans la même forme, & sous la même dénomination, entre les Citoyens de tous les Ordres & de toutes les classes.

L'Assemblée a examiné, avec une attention scrupuleuse, les Demandes, les Mémoires, les Objets qui intéressoient particuliérement la Ville de Paris. En comparant l'immensité de ces objets, avec le peu d'instants qu'elle auroit pour s'en occuper, elle a reconnu qu'elle ne pourroit jamais obtenir du travail le plus forcé, qu'un résultat extrêmement incomplet; que non-seulement ce résultat incomplet ne devoit pas être acheté par le délai de la nomination de ses Députés aux Etats-Généraux déja ouverts, mais qu'il nuiroit à la chose même ; que c'étoit compromettre les intérêts de la Ville de Paris, que de ne pas les défendre comme ils doivent être défendus ; & qu'il valoit mieux ne pas parler d'un détail, quelqu'important qu'il fût, que de risquer d'en omettre un autre peut-être plus important encore.

L'Assemblée a trouvé dans les diverses instructions fournies par les Départemens, un plan qui lui a présenté une grande idée, qui n'entraîne aucun détail pour l'instant, qui les comprend tous pour l'avenir, & qui est le remede le plus efficace, peut-être le seul, à l'impuissance forcée où elle se trouve de s'occuper, comme elle le voudroit, d'intérêts si chers & si dignes de son attention.

En conséquence elle charge ses Députés aux Etats-Généraux de demander :

1°. Que les quarante Députés qui vont y être envoyés par la Ville de Paris, soient autorisés à s'assembler entr'eux, dans l'intervalle des féances fucceffives des Etats , pour dreffer les Cahiers de la Ville.

2º. Que lefdits quarante Députés, conftam-ment réunis à cet effet, foient impérativement chargés de fe procurer tous les renfeignemens néceffaires à la formation d'un Corps munici-pal vraiment conftitutionnel , & librement élu dans toutes les claffes de Citoyens , auquel puiffent être reftituées toutes les parties de l'adminiftration qui n'auroient jamais dû en être féparées , notamment la généralité des fonctions adminiftratives de la Police , fonc-tions également importantes par le nombre des avantages qu'elles procurent & des abus qu'elles entraînent.

3º. Que l'Affemblée Nationale , quand elle aura réglé les grands intérêts du Royaume , ftatue fur le rapport qui lui fera fait par les quarante Députés, & que la Ville de Paris , où fe concentre la trentieme partie de la po-pulation totale du Royaume , & peut-être la fixieme partie de fa richeffe & de fa puiffan-ce , ait enfin une municipalité digne d'elle , une repréfentation conftitutionnelle , d'où ré-fulteront néceffairement & la connoiffance exacte, & la réforme complete des innombrables abus dont elle a lieu de se plaindre.

Plusieurs Membres de cette Assemblée, ayant remis à MM. les Commissaires des Mémoires aussi remarquables par le patriotisme, que par l'étendue de connoissances qui les caractérisent, & dont ils ont regretté que le temps ne leur permît pas de faire usage, l'Assemblée a ordonné, sur leur rapport, que ces Mémoires seroient joints au Cahier comme instruction ; elle a autorisé ses Députés à les présenter aux Etats - Généraux, & à demander même que leurs Auteurs fussent admis à les discuter en présence des Etats.

L'ASSEMBLÉE, en terminant son travail, a été ramenée à former encore quelques vœux qui intéressent la prospérité générale du Royaume, & à en exprimer un, dicté par l'intérêt de l'humanité, & autorisé par l'exemple de plusieurs grandes Nations. Elle désire :

Que les Etats actuels reglent la convocation, la composition & l'organisation futures des Assemblées Nationales :

Que les délibérations des Etats - Généraux

foient publiques, & qu'il en foit dreffé un Jour-
nal authentique, qui fera imprimé & publié
chaque jour;

Que les Colonies Françoifes foient réputées
déformais Provinces de France, fouftraites au
pouvoir arbitraire du département de la Ma-
rine, affimilées aux autres Provinces, &
participantes comme elles à tous les avantages qu'elles doivent attendre de Loix conftitu-
tionnelles :

Que ces nouvelles Provinces foient conve-
nablement repréfentées aux Etats-Généraux.

Que quand leurs Députés y feront admis, &
non avant, les Etats-Généraux s'occupent des
moyens d'améliorer le fort des Noirs.

ENFIN les Citoyens Nobles de Paris, après
avoir arrêté impérativement les bâfes fur lef-
quelles ils défirent que foit établie la Conftitution ; après avoir raffemblé dans leurs inf-
tructions les demandes les plus importantes
qu'ils croient devoir foumettre à l'Affemblée
Nationale; sûrs de la fidélité de leurs Députés, & n'ayant rien à leur rappeler à cet égard,

leur recommandent seulement de modérer leur zele pour le rendre fructueux, & de ne pas compromettre le bien en voulant le faire trop précipitamment. Qu'ils respectent tous les principes ; qu'ils concilient tous les devoirs ; qu'ils songent que les vues les plus pures ont besoin d'être secondées par des mesures sages ; & que le désir séduisant de réparer de longs désordres & de créer la félicité générale, ne les entraîne pas à vouloir trop de changemens à-la-fois, & à ébranler l'édifice social, sans être encore assurés, ni des moyens, ni de l'opinion générale, nécessaires au succès de toutes leurs opérations.

Arrêté dans l'Assemblée des Citoyens Nobles de la Ville de Paris, tenue à l'Archevêché, le Dimanche 10 Mai, mil sept cent quatre-vingt-neuf.

Signé. Le Duc de la Roche-
    foucauld.
Huguet de Semonville.
Le Marquis de Condorcet.
Le Marquis de Lufignem.
De Laclos.
Le Comte de Rochechouart.
Ferran.
Le Comte d'Efpinchal.
Le Marquis de Montefquiou-
    Fezenfac.
Nicolaï, Premier Préfident de la
    Chambre des Comptes.
Du Port.
Le Comte de Riccé.

} *Commiffaires.*

Staniflas, Comte de Clermont - Tonnerre,
    Préfident.
Duval d'Efprémefnil, *Premier Secrétaire.*
Le Comte de Lally-Tolendal, *Second Secrétaire.*

De l'Imprimerie de J. CH. DESAINT , rue
de la Harpe , au-deffus de S. Côme, Nº. 133.